새벽을 여는 묵상기도

새벽을 여는 묵상기도

고동주 지음

도서출판 경남

책을 내면서

하나님!
새벽을 열 때마다
기도하게 하소서.

지은 죄 용서받기 위하여,
주신 말씀 깨닫기 위하여,
죄와 유혹에서 승리하기 위하여,
지혜와 명철을 얻기 위하여,
내 이웃에게 구원의 기쁨을 알리기 위하여,
내 영혼을 날마다 새롭게 하기 위하여,
나의 기도를 필요로 하는 사람을 위하여,
기도하게 하소서.

전능하신 하나님께 드리는
예수그리스도의 뜻에 맞는
간절한 간구干求이게 하소서.

여기
백일 동안의
《새벽을 여는 묵상기도》가
삶에 소망과 기쁨을 불러내는
찬양이게 하소서.

악한 영을 막아내는
방패이게 하소서.

이 책을 통하여
하나님 먼저 영광 받으시기 바라오며
예수님의 이름으로 기도합니다.
아멘!

저 자
고 동 주

제2부 봄

제3부 여름

제4부 가을

제5부 겨울

제1부

새 해

새해는

새해는
주님의 뜻에 합당한
새로운 비전vision과
새 영을 부어주소서.

새해는 진실한 믿음과
소망으로
무장하게 하소서.

새해는 가난한 심령으로
말씀을 받아들이고
실천하게 하소서.

새해는
마음이 강퍅하거나
모나거나
교만하지 말고
둥글고
부드럽고
온유한 맘 되게 하소서.

새해는

주님께서 보여주신

베풀고 나누신 사랑

치료하시고 구원해주신 사랑

제자의 발을 씻기신 사랑을

배우고 실천하게 하소서.

성령이여

지켜주소서.

새해의 문

새해의 문을
거듭난 믿음으로
열게 하소서.

지난날
불순종의 죄를
주의 보혈로 씻어주소서.

온갖 정욕도
털어버리게 하소서.

주님만을 사랑하며
주님의 손에 온전히 붙들려
살아가게 하소서.

날마다 주를 사모하는 것으로
만족케 하소서.

주님과 함께
즐겁고
기쁘게
생활하도록 인도하소서.

범사에 감사하며 살아가게 하소서.

믿음의 밭

새해에는 믿음의 밭에
풍성한 씨를 뿌리게 하소서.

하나님 앞에
충성의 씨를
기도의 씨를
봉사의 씨를
전도의 씨를
선교의 씨를
형제사랑의 씨를
부지런히 뿌리고
가꾸게 하소서.

기도로

기도는
괴로움을 가볍게 하며
주의 은총을 받게도 하고
영혼에 향기를 주는 순간인 줄 압니다.

어둠 속에서도 하나님을 보는
거울인 줄 압니다.

죄와 악의 결과로서 생겨난
인간과 하나님 사이의
벽을 허물어 버리는 무기인 줄 압니다.

기도로 죄인의 길에 서지 않게 하소서.
기도로 닥치는 시련을 뛰어넘게 하소서.
기도로 주님의 손길을 느끼게 하소서.

세상을 이기는 삶

기도할 때
재물과
건강과
복을 구하는 기도보다
믿음과
소망과
사랑에 더 큰 비중을 두게 하소서.

찢어진 그물은
손보지도 않고
고기 잡으러 나가는
어리석은 어부가
되지 않게 하소서.

바른 믿음으로 무장하여
세상을 이기는 삶을
살아가게 하소서.

간절한 기도

마귀가 왕 노릇하는
이 죄악 세상에 살면서
진실함이 없는
몇 마디 중얼거리는 기도에 만족하지 말고
간절한 기도를 하게 하소서.
뜨겁게 뜨겁게 기도하게 하소서.

영적상태를 점검하게 하시고,
잘못된 생각과 행동을
주님 원하시는 대로 바로잡게 하소서.
견고한 은혜의 토대 위에 세우소서.

지금 당장 실천하여
크신 축복 누리게 하소서.

묵 상

주야로 말씀을 묵상하고
기도하고 찬양하게 하소서.

고통이 있을 때
기도로 승리하게 하시고,
편안한 때일수록
더 열심히 기도하게 하소서.

쉬지 않는 기도로
실족하지 않게 하시고
하나님께 영광 돌리게 하소서.

날마다
이 영혼 새롭게 하소서.

성령이여

생수와 같은 성령이여
오셔서
저희들 마음을
부드럽게 채워주소서.

온몸을
정결케 하소서.

꽃의 향기처럼
그리스도의 향기를
허락해주소서.

그 믿음
그 소망
그 사랑이
저희들 삶 속에
충만케 하소서.

성령 충만

이 땅에서
죽어가는 심령들을
소성케 하소서.

상했던 심령들을
고침 받게 하소서.

불길 같은 성령이여
오시옵소서.

오셔서
모든 죄악을 태워주소서.

숨어 있던
죄악의 뿌리까지
태워주소서.

메말랐던 영혼들에게
성령 충만으로
알찬 열매를 맺게 하소서.

새사람

내가 지금 새사람으로 사는지
스스로 살펴보게 하소서.

내가 나의 감독자인지
내가 나에게 엄격한 선생인지
내가 나를 향하여 채찍을 들고 있는지
내가 나에게 냉정한지
스스로 점검해 보게 하소서.

사도바울도
'내가 내 몸을 쳐서
복종시킨다' 고 한 것처럼

우리도
정욕에 매이지 말고
유혹을 받지 말고
불의를 쫓아가지 말도록
성령 충만함으로
새사람 입게 하소서.

영적인 눈

미련한 저희들은
자신이 지은 죄 가운데
십 분의 일도
백 분의 일도
찾아내지 못하는 때가 있음을
회개합니다.

자신의 입장에서 바라보기 때문에
그림자에 가리어져
보이지 않는 이치인 줄 압니다.

그늘 속에 숨은 죄까지도
다 찾아낼 수 있는
영적인 눈을 밝혀주소서.

살피고 씻어내는
간절한 기도로
거듭나기를 원합니다.

그리하여

음부의 권세도 이기고

승리하는 삶이 되게 하소서.

주와 동행

주와 동행하기를
원합니다.

세상 속에는
어려움도 많고
고생이 심할 때도 있으나
우리 주와 동행하면
평안과 기쁨이
안길 줄 믿습니다.

에녹이 믿음으로
하나님과 300년을 동행하였고,
아브라함도 믿음으로
하나님의 인도를 받았고,
이스라엘이 애급에서 나올 때에도
하나님이 함께하셨으니
저희도
하나님의 뜻에 복종함으로
동행할 수 있게 하소서.

주님과 동행하면
슬픔도
두려움도
없을 줄 믿습니다.

우리의 삶 가운데
일일이 간섭하시고
함께하여 주소서.

밤낮 구별 없이
동행하여 주소서.

모퉁이의 머릿돌

베드로가 말한
걸려 넘어지게 하는 돌이나
부딪치게 하는 돌이 아닌
긴요하게 쓰임 받는
모퉁이의 머릿돌이 되게 하소서.

하나님!
저희가
이 세상 캄캄한 곳을 만나도
어둠을 밝히는 빛이 되게 하소서.

하나님!
저희가
죄악으로 썩은 골짜기를 만나도
그 썩음을 방지하는 소금이게 하소서.

하나님!
저희가
어쩌다 사망의 길을 만났을 때라도
즉시 돌아서서

생명의 길을 개척하게 하소서.

참 그리스도의 사람이 되게 하소서.
모퉁이의 머릿돌이 되게 하소서.

뜻대로 행하는 자

하나님 아버지의 뜻대로 행하는 자라야
천국에 들어간다는 말씀을 믿습니다.
이루어내신 기적도 믿습니다.

홍해가 갈라진 것도
예수님이 물 위를 걸으신 것도
물고기 두 마리와 보리떡 다섯 개로
오천 명을 먹이신 것도 믿습니다.

형제를 사랑하고
이웃을 사랑하고
원수까지도 사랑하라는 말씀도
아버지의 뜻인 줄 믿습니다.

그 모든 것을
머리로만 믿고
행동으로 실천하지 못하는 자가
되지 않게 하소서.

오히려
그 사랑을 발길로 짓밟으며
지나가는 미련한 죄인은 아닌지
살펴주소서.

그리스도의 사랑

생명 있는 나무에
꽃이 피고
그 꽃에
향기가 있듯이

저희에게도
그리스도의
생명이 있으니

그리스도의 사랑과
그리스도의 향기가
나타나게 하소서.

그리스도는 죄인을 사랑하사
십자가에 못 박혀
죽기까지 하셨으니

우리도
이웃을
말과 혀로만 사랑하지 말고
진실한 행함을
나타내게 하소서.

주님 의지하고

주님은
약한 자를 강하게 하시고
넘어진 자를 일으키시며
죽은 자를 살리시는 줄 믿사오니
우리도 주님만을 의지하고
용감하게 살아갈 수 있도록
도와주소서.

칼과 창과 단창을 의지한
대장 골리앗은 패하고,
만군의 여호와 하나님을 의지한
철부지 다윗이 승리한 사실을
마음속에 새기며
자신 있게 살아가게 하소서.

그리스도의 영광을 위해
전진하게 하소서.

행함이 없는
죽은 믿음에서
깨어나게 하소서.

성결한 영

세상 욕심 속에 빠졌다가
필요할 때만 하나님을 찾는
미련하고 어리석은 자가
되지 않게 하소서.

생각 속에만 사랑을 담고 있거나
입술로만 사랑을 소리 내지 말게 하시고
마음 밑바닥부터 진실한 사랑을 채우고
발로
몸으로
행동으로
그 사랑 실천하는
성도다운 성도 되게 하소서.

날마다
바른길
거듭나는 길
믿음과 충성의 길
밝은 길로
힘차게 나갈 수 있도록 인도하소서.

그리스도 부활의 영광과
구원의 기쁜 감격을
새롭게 다지게 하소서.

좀 더 봉사하고
좀 더 전도하고
좀 더 사랑할 수 있도록
성결한 영을 부어주소서.

주님과 함께

믿음 안에서
새사람 되게 하소서.

언제나
기쁨이 넘치고
감사가 넘치고
평안이 넘치게 하소서.

천국이
우리 안에 있는 줄 믿습니다.

잠잘 때도 주님과 함께
길 갈 때도 주님과 함께
봉사할 때도 주님과 함께
하게 하소서.

언제나
의롭고
선하고
진실한 삶을 허락하소서.

쓰임 받는 그릇

쓰임 받는 그릇이고자 합니다.

하나님은 금 그릇만 쓰시는 것이 아니라
필요하면 질그릇도 쓰시는 줄 믿습니다.

교회도
가정도
개인도
하나의 그릇인 줄 알고
잘 닦아두면
적절하게 쓰실 줄 믿습니다.

하나님께서 원하실 때
지체 없이 쓰일 수 있는
그릇 되게 하소서.

무엇을 맡겨도
넉넉히 담을 수 있는
그릇이게 하소서.

삶의 전부

언제 어디서나
오직 예수
오직 기도
오직 말씀이
우리들의 삶의 전부가 되게 하소서.

그런 생활이
기쁨이 되고
감사가 되고
찬양이 되게 하소서.
우리들의 삶의 전부가 되게 하소서.

제2부

봄

새 봄

따스한 새봄을
허락해 주시니 감사합니다.

겨울 추위에 떨었던 나뭇가지마다
새로운 생명의 입김이 피어오르게 하시는
주님의 권능을 찬양합니다.

땅속 깊은 뿌리로부터
돋아나는
새 생명의 약동을
저희 메마른 마음에도
나누어 주소서.

이 봄을 따라
저희들 믿음도
새롭게 약동하는
모습 되게 하소서.

봄이 오면

봄이 오면
온 땅에 새로운 변화가 오듯이
우리들의 신앙도
새롭게 변화되기를 원합니다.

회개하고
일어나서 충성하고
활기찬 새싹 되게 하소서.

저 향기로운 꽃처럼
우리의 심령에도
영광스런 믿음의 꽃이
활짝 피어나게 하소서.

싱그럽고 부드러운
푸른 믿음 허락하소서.

새 싹

파릇한 새싹이 돋아나듯
믿음의 순수한 새싹이
돋아나게 하소서.

생명이 움트는 소리가
저희들의 심장으로 옮겨와서
활기가 넘치게 하소서.

말은 하면서도
행하지 못하는 자가 되지 않게 하시고
주신 말씀을 생활 속에 실천하는
당당한 그리스도인이 되게 하소서.

봄비에
자라는 나무처럼
싱싱한 믿음이 소성케 하시고
아름다운 열매 맺게 하소서.

어린이

하늘 문을 여시고
자비하신
사랑으로
어린이를 축복하여 주소서.

장차
훌륭하게 자라서
하나님의 영광을 위해
열성을 다하는
큰 일꾼 되게 하소서.

5월의 꽃처럼
5월의 풀처럼
5월의 나무처럼
싱싱하게 하소서.

믿음과
소망과
사랑이
충만하게 하소서.

기쁨도
풍성하게 하소서.

그 빛

참 빛이 되시는 주님!

그 빛으로
저희들 영혼이
밝아지게 하소서.

가정을 밝아지게 하시고
사회가 밝아지게 하시고
나라가 밝아지게 하시고
모든 인생의 길이 밝아지게 하소서.

그 빛 머무는 곳이 천국이기에
그 빛 누리고자 합니다.

부활절

예수그리스도께서
죽음의 권세를 깨트리시고
부활하신 날,
온 세상 사람으로 하여금
기쁨으로
충만케 하소서.

부활의 첫 열매가 되신
주님을 바라보며
후일 우리의 몸도
신령한 몸으로 변화되어
주님과 더불어
영생복락을 누릴 수 있게 되기를
간절히 원합니다.

이런 부활의 역사가
죽어가는 모든 민족 위에 임하셔서
복음사업이
아침 햇살처럼
활기차게 하소서.

5월

사랑의 주님!
1년 중 가장 산뜻하고 활기찬
5월을 맞았습니다.
저희 영적세계도
5월처럼 생기가 넘치도록
인도하소서.

넘치는 생기로
하나님의 영광과
복음을 위하여
분발하는 기회가 되게 하소서.

새로운 사랑과 활기가
5월처럼 푸르게 하소서.

사 랑

사랑이 메마른 가슴에
사랑의 꽃이 피게 하소서.

사랑을 실천하고
사랑을 베풀고
사랑을 위해 희생할 때
그 사랑이
자신에게로 돌아온다는
진리를 깨닫게 하소서.

원수까지도 사랑하라 하신
주님 말씀을 따라
발길에 밟히는 풀잎이나
돌멩이까지도
따스한 마음으로
사랑하게 하소서.

사랑의 하나님

사랑의 하나님!
저희 믿음의 형제들
마음 문을 활짝 열고
사랑의 눈빛으로
서로를 바라보게 하소서.

상대방의 고통까지도
나누어가지는
형제 되게 하소서.

세상적인 판단에
치우치지 말게 하시고
하나님 보시기에
마땅한 처신을 하게 하소서.

고통은 잠깐이나
축복은 영원한 줄 믿습니다.

능력의 손

자비하신 하나님!

병중에 있거나
마음에 상처받아 괴로워하거나
고통받는 자에게
치유의 손길로
위로하소서.

넘어지지 않고
방황하지 않도록
인도하소서.

인간의 작은 손으로는
막을 길 없사오니
귀한 능력의 손으로
쓰다듬어 주소서.

나무의 줄기가 되시는 하나님

저희들이
나무의 가지이고 잎이라면
그 줄기가 되시는 하나님께
붙어 있는 것이
당연한 줄 믿습니다.

나무에 붙어 있을 동안
그 본질이
가지인 저희 안에 통하고
그 진액이
전신에 퍼질 줄 믿습니다.

영생의 길
진리의 길로 가기만을
바라시는 하나님!
저희가
그 나무에서 분리되지 않게 하시고,
새봄과 함께
넘치는 생기를 받아
활기찬 가지가 되게 하소서.

혀

입 안에 있는
이 혀 하나를
지키지 못하여
남의 가슴에
비수를 꽂은 죄,
유혹하는 마귀의 올무에 걸린 죄,
다 주님 앞에 부려놓습니다.
불쌍히 보시고 용서하소서.

함부로 휘두르면
살인도 가능한 이 혀로
자신의 가슴에 쌓인
죄와 허물부터
걷어내게 하소서.

이 혀를 지키지 못하여
영생의 대열에서
추락되지 않게 하소서.

손

저희 지체 중
제일 앞장서는
손을 위해 기도합니다.

저희 손이 부끄러운 잠에서
깨어나게 하소서.

믿는 사람 손답게
거듭나기를 원합니다.

갖고 싶어 안달하는 손이 아닌
베푸는 손이게 하소서.

내 입장만 제일인 체 앞세우는
손이 아닌
이웃의 아픔을 쓰다듬고 위로하는
손이게 하소서.

좋은 것은 이웃에 나누고
못생긴 것은 자신이 갖는
손이게 하소서.

이웃의 차가운 손을 잡아주는
따뜻한 손,
그들의 눈물을 닦아주는
부드러운 손이게 하소서.

말씀을 통하여

말씀을 통하여
영적치유의 역사가
일어나게 하소서.

갈급한 심령들에게
은혜의 단비가 되게 하시고,
말씀으로 거듭나서
성령 충만한
열매를 맺게 하소서.

성령이 오셔서
악한 생각과 죄악을
태워 주소서.
나태하고 교만했던
죄의 근성까지도
깨끗이
태워주소서.

이 지역을

이 지역이
세상중심이 아닌
교회중심으로
주님중심으로
말씀중심으로
변화되는
지역이기를 원합니다.

썩어질 육신의 길이 아닌
영원한 영적인 길을 준비하는
시민들이기를 원합니다.

지옥문만 바라보는
수많은 영혼들을
영적인 길로 인도하소서.

복음으로 잘 무장된
하나님 보시기에
참 아름다운
고장이 되게 하소서.

축복받게 하소서.

하늘나라 백성

예수님께서는
저희를 위해
고난당하심과
보배롭게 죽으심으로
죄를 대속하여
하늘나라 길을 열어주셨는데도
늘 땅만 바라보고 살아가는
부끄러운 존재들임을 회개합니다.

십자가를 바라보며
믿음이 거듭나게 하시고
떳떳한 하늘나라 백성으로
변화되게 하소서.

잠깐 스쳐가는 세상욕심을
한 움큼씩 양손에 거머쥐었다가
정작 하나님 주시는
천국보물을 받을 수 없는
어리석은 집착에서
깨어나게 하소서.

형제사랑

두터운 사랑으로
이 몸과 마음을
겹겹이 무장해도 모자라는 터에

오히려
형제를 비방하고 모함하는
죄를 범하지 않게 하소서.

'형제를 미워하는 자마다
살인하는 자니
영생이 그 속에 거하지 아니한다' 는
요한일서에 기록된
말씀을 명심하고
사망의 골짜기로
빠지지 않게 하소서.

사랑 없는 어두운 마음에
주님의 환한 생명의 빛을
내려주소서.

형제 중에

형제 중에
괴로움과 고통이 있는지
살피게 하시고
그 괴로움 고통까지도
나누어 갖는
분위기가 되도록
도와주소서.

시기하거나
질투하거나
미워하거나
방해하거나
욕되게 하는
마귀장난에 빠지지 않게 하시고,
하늘나라 백성답게
깨끗하고
맑고
꺼림칙하지 않는
진실한 형제 되게 하소서.

기쁠 때 같이 기뻐하고
슬플 때 같이 슬퍼하는
형제 되게 하소서.

주 안에서
하나 되게 하소서.

희망적인 시대를

옳은 일하는 사람
정직하게 사는 사람
바른길 가는 사람이
바보 취급당하는
시대가 되지 않게 하소서.

이웃끼리
형제끼리
사랑이 메마르고
내 개인의 욕심을 채우기 위하여
물불 가리지 않는
시대가 되지 않게 하소서.

양보도 없고
희생도 없고
겸손도 없는
답답한 시대가 되지 않게 하소서.

저희가 나서서
빛과 소금의 직분을 감당할 수 있도록
능력 주소서.
살맛 나는 세상을 만들어갈 수 있도록
용기도 주소서.

희망적인 시대를
열어가게 하소서.

능력 주시는 자

'내게 능력 주시는 자 안에서
내가 모든 일을 할 수 있느니라' 고
하신 말씀을 따라
저희들에게도
능력을 허락하소서.

행하는 일마다
걸음마다
손길마다
만나는 얼굴마다
가슴마다
희망과 기쁨을 주게 하소서.

참 좋으시고 든든하신 하나님!
인간의 능력으로 감당하기 어려운 것까지
주님 능력으로 이루게 하소서.
복된 길을 열어주소서.
능력을 허락하소서.

제3부

여 름

뜨거운 열정

저희들의 굳은 입술을 열어주소서.
닫혀 있는 마음도 열어주소서.
얼어붙은 생각도 녹여주소서.

오직
하나님을 향한
뜨거운 열정을
허락하소서.

하늘나라 소망을 향한
마음을 정결케 하소서.

주님 주시는
햇볕 같은 사랑을
받아들일 수 있도록
마음 문을
활짝 열게 하소서.

무거운 짐

세상일에 얽매어
고단하거나 괴로울 때
죄 중에 빠졌을 때
그 무거운 짐
주님 앞에 부려놓고
자복하고 회개하며
기도하게 하소서.

그 기도에
땀과 눈물이 동반했을 때
우리 주님
그 짐 맡아 주실 줄 믿습니다.

그런 무거운 짐이 주어진 것도
주님과 더 가까워지게 하기 위한
깊은 뜻이 있음을 알게 하소서.

죄 짐

지나간 세월 속에
쌓인 죄 짐 살펴보면
지옥을 몇 번 가도
모자라는 죄인입니다.

그러나 아직도
입으로는 주님을 영접한다 하면서
행동은 어린아이를 면치 못하고 있는
죄인입니다.

눈은 있으되 보지 못하고
발은 있으되 걷지 못하는
불쌍한 죄인입니다.

마음의 골짜기마다
가득 채워진
이 죄를
우리 주님 보혈의 손길로
씻어주소서.

회개하고
더 깊이 회개하여
변화되게 하소서.

새사람 되게 하소서.

고난

천성을 향해 가는 길 위에
잠깐 지나가는 고난이 있어도
두려워 말게 하소서.

그 고난 속에도
주님의 깊은 사랑이 있는 줄 믿습니다.

그 고난 참고 이겨내므로
승리의 면류관을 받게 하소서.

고난 너머에 있는
구원과
영원한 참 생명과
참 기쁨이 있는 줄 믿습니다.

주신 말씀 순종하면서
믿음 위에 덕을 세우고
절제하고
인내하고
경건한 삶을 살게 하소서.

작은 성취도 자랑치 말고
어떤 유혹도 받지 말고
튼실한 믿음의 열매를 얻기 위하여
끝까지 달려가게 하소서.

그리하여 천국 문 앞에 서는 날
의의 면류관을 받아 누리게 하소서.

유혹

세상 속에는
항상 시기의 영
미움의 영
원망의 영이 유혹하고 있으니
이런 유혹을 물리칠
힘을 허락하소서.

그 악한 영들은
세상 속의 모든 것을
더 많이 갖도록
더 많이 누리도록
유혹하고 있으니
이런 유혹을 물리칠
용기를 허락하소서.

유혹의 길은 막아주시고
생명의 길로 인도하소서.

대적 마귀

대적 마귀가
우는 사자같이 두루 다니며
삼킬 자를 찾고 있으니
믿음을 굳게 하여
용감히 대적하고
승리케 하소서.

하나님의 전신갑주를
입게 하소서.

예수님의 이름으로
강하고 담대하게
물리치고
승리하게 하소서.

마귀의 밥

능력의 하나님!
저희들이 살아가면서
마귀의 밥이 되지 않게 하소서.

예수님 편에 꼭 붙어서
사탄의 공격을 피하게 하소서.

마귀를 죽이는 무기는
하나님 말씀밖에 없는 줄 아오니
말씀으로 무장하고
기도로 공격할 수 있는 능력을 주소서.

이렇게 마귀권세 물리치면서
예수 자랑하게 하시고
'땅 끝까지 나의 증언이 되라' 하신 말씀
실천하게 하소서.

도둑 마귀

세상 속에
깊이 잠들지 말게 하시고
깨어 있게 하소서.

잠들기를 바라는
마귀사탄을
물리치게 하소서.

잠들기만 하면
저희의 건강을
행복을
기쁨을
빼앗아가려고 하는
도둑 마귀를
쫓아낼 수 있도록
강한 힘을 허락하소서.

승리하게 하소서.

만 족

저희가 살아서 호흡할 수 있고
두 다리로 걸어다닐 수 있고
때를 따라 먹고 마실 수 있는
건강 주신 것 감사합니다.

그러나 누리고 있는
만족한 조건들을
당연한 것으로 묻어버리고
더 큰 욕심을 향하여
부족함을 느끼고 허덕이며 사는
불쌍한 죄인을 용서하소서.

잠깐 누렸다가 다 버리고 갈
재물, 권세, 잡다한 욕심 때문에
허덕이다가
마귀의 올무에 걸려 넘어지는
불쌍한 자가 되지 않게 하소서.

가진 것이 비록 작을지라도
욕심을 비우고
가진 대로 만족하면서
살아가게 하소서.

선한 삶을 토대로
빛이 되고 소금이 되어
하나님의 살아계심과
위대하심과
선하심을 세상에 널리 증거 하는
신실한 종이 되게 하소서.

입

이웃이 어쩌다
악과 불의를 행할지라도
그를 사랑할 수 있도록
인도하소서.

우리의 입은
저주와 악담이 나오는
쓴 물이 아니라
덕을 세우는데 소용되는
선한 입이 되게 하소서.

허물하고 비방하는 입이 아닌
칭찬하는 입이 되게 하소서.

상처 주는 입이 아닌
그 상처를 싸매주는
입이 되게 하소서.

눈물

살아가면서
크고 작은 소망이 이루어졌을 때
하나님의 은혜라 생각하고
진실로 감사하는 눈물이 있게 하소서.

고통스러워도 울고
감사한 일이 있어도 우는
눈물이 있는 자가 되게 하소서.

하나님은
눈물이 있는 자의 손을 잡아주시고
위로해 주시는 줄 믿습니다.

메마른 심령 위에
단비 같은 눈물을
흠뻑 쏟아서
영혼을 깨끗이 씻음 받게 하소서.

영도자

이 나라 대통령을
살펴주소서.

하나님을 두려워하는
대통령이게 하소서.

재임기간
모든 치적이
하나님에 의하여
이루어진다는 것을
깨닫게 하소서.

자신의 직분이
누구를 위한 직분인지를
알게 하시고
성실하고 거짓 없이
백성 앞에
봉사하게 하소서.

시대의 변화를
신속하게 파악하고

복잡한 국제사회에서
민족의 영광을 드러내는
위대한 지혜와 힘을 주소서.

백성들의 요구와
생각이 무엇인지 바로 아는
명철을 허락하소서.

서민들의 눈물과 미소를
두루 살필 수 있는
알뜰한 지도자이게 하소서.

민족의 영원한 미래를 향하여
부단히 전진케 하소서.

온 국민으로부터
존경받는
영도자이게 하소서.

정치풍토

이 나라 정치풍토를
살펴주소서.

투쟁보다는 화해를,
내 당의 이익보다는
나라의 이익에 우선하는
모습 되게 하소서.

서로 협동하는 힘 있는 정치,
신뢰가 바탕이 되는 토론 정치,
지혜로 겨루는 의정활동으로
조화를 이루어내는
건전한 풍토를
만들어가게 하소서.

이 민족을

이 민족을 사랑하시는
하나님!
나라의 지도급 집단들을
살펴주소서.

내 집단의 이익만을 내세우며
사사건건 지나친 대결로
나라 힘을 약하게 만드는
어리석음에서 깨어나게 하소서.

진정 조국의 장래를 염려하고
국력을 키워나가는 모습으로
변화되게 하소서.

이 민족을
든든한 반석 위에
세워주소서.

경제회복

이 나라 교회가 부흥할 때
경제도 발전되었음을
체험하게 하신 하나님!

지금
경제를 회복시키는 길은
한국교회가 하나 되어
열심히 기도하고
다시 부흥하는 길인 줄 믿습니다.

70년대
80년대
활발하게 일어나던
부흥의 열기가
다시 일어나게 역사하여 주소서.

그런 열기를 따라
경제도 회복될 것으로 믿습니다.

그길밖에 길이 없으니
능력의 주님!
도와주소서.

어리석은 자

하나님은
저희들에게
항상 밝고 고요한 날만을
허락하지 않았는데도
저희는
마냥 좋은 날만을 구하는
어리석은 자들입니다.

하나님께서는
저희들에게
항상 편안한 길만을
주시지 않았는데도
저희는
늘 편안한 길만을
주시도록 떼를 쓰는
어리석은 자들입니다.

하나님께서는
저희들에게

기쁨과 슬픔을
함께 주셨는데도
슬픔은 말고 기쁨만을 주시도록
고집한 자들입니다.

하루에도
밤과 낮이 있고
맑은 날이 있으면
흐린 날도 있음을 깨닫고
하나님의 순리와 섭리에
따르도록 인도하소서.

살아가면서
고통과 괴로움이 와도
주님 의지하고
참아내면서
주 안에서 승리하는
강한 의지를 허락하소서.

교회의 목표

교회의 목표를 향하여
온 성도가 한마음 되게 하시고
정성을 합하여
은혜가 충만한 분위기를
만들어가게 하소서.

헛된 세상 이치에
너무 얽매이지 않게 하시고
하늘나라 소망만을
바로 보고
바로 쌓아가게 하소서.

피곤할 때 힘주시고
약해질 때 강하게 하시고
어긋날 때 바르게 인도하소서.

다윗처럼

어쩌다 힘들고 괴로운 일이 있어도
참기 어려운 고통이 있어도
그럴수록 더 간절한 기도로
하나님과 더욱 가까워지게 하소서.

큰 고난 속에서도
주를 찬양하는 다윗을 닮게 하소서.

성령이 늘 함께하시고
지켜주소서.

날마다 영적인 양식을 갈구하고
날마다 하나님 말씀에 목말라 하고
날마다 열심히 전도하게 하소서.

그리하여
튼실한
성령의 열매를 맺게 하소서.

진실한 믿음

'네 믿음대로 되리라' 는 말씀을 따라
진실한 믿음 갖기를 원합니다.

그런 믿음으로
우리 앞에
바람이 휩쓸고
폭우가 쏟아지고
태산이 무너져도
우리 주와 동행하면서
승리하게 하소서.

강한 믿음 속에는
주의 은사가
함께하실 줄 믿습니다.

저희들이 천국 문에 들어설 때까지
복되고 진실된
나날이 될 수 있도록 살펴주소서.

기 적

말씀에 순종해야
기적이 일어나는 줄 믿습니다.

회개하라 할 때 회개하고
일어나라 할 때 일어나고
충성하라 할 때 충성해야
기적이 일어나는 줄 믿습니다.

말씀에 순종하고
실천하게 하소서.

기적을 체험하는
삶이 되도록
인도하소서.

제4부

가을

감 사

주님께서는
저희들이 생활하는 가운데
감사할 조건을 더러 주셨는데도
그 감사는 느끼지 못하고 살아온
어리석은 자들이었습니다.

오히려
작은 불행도 확대하여
스스로 마음을 어둡게 만한
미련한 자들이었습니다.

주신 감사를 찾을 수 있는
지혜를 허락하소서.

살다보면
어쩌다 고통도 있고
슬픔도 있고
답답하고 괴로울 때도 있으나
그보다 더 험악한 경우와 비교하면서
밝은 생각으로 바뀌게 하소서.

그렇게 바뀌기만 하면
저희들이 어려울 때마다
주님께서는
항상 곁에 와 계실 줄 믿습니다.

주님 함께하시면
어떤 경우에도
세상 고통 다 사라지고
감사한 마음이
햇빛처럼 쏟아질 줄 믿습니다.

그 햇빛 받아서
서로 사랑하고
서로 돕고
봉사하고
전도에 열정을 다하여
하나님을
기쁘시게 할 수 있도록
인도하소서.

감사와 더불어
기쁨이 충만하게 하소서.

감사의 그릇

저희들 마음에
감사의 그릇을 준비하게 하소서.

그 그릇에
선하고 좋은 말
평안을 주는 말
매듭을 푸는 말
기쁨을 주는 말을
가득 채워 주소서.

다 채워진 그릇을
흔들고 또 흔들어서
항상
감사가 넘치도록
축복하여 주소서.

감사와 기쁨

잡초처럼 피어나는 번민과 고통이
감사와 기쁨으로 바뀌게 하소서.

별보고 감사하면 달이 보이고
달보고 감사하면 해가 보이고
해보고 감사하면 하늘빛이 보인다는
전해오는 말과 같이
작은 것에 감사하면
큰 감사 대상이 나타날 줄 믿습니다.

고통이 닥쳐와도
감사의 기도 속에 묻으며
살아가게 하소서.

감사하는 생활 속에
하나님의 축복이 있을 줄 믿습니다.
참 기쁨이 있을 줄 믿습니다.
감사의 부피만큼
은혜가 충만할 줄 믿습니다.

감사의 기도로
악령까지 물리치게 하소서.

하늘의 복

이웃끼리도
반목과
질시와
미움이 가득하여
서로 외면하면서도
감히 하나님 사랑받기 원하는
어리석은 자가 되지 않게 하소서.

세상의
재물이나
권력이나
쾌락을 누리는 것이
축복인 줄 알고
열심히 구하는
어리석은 자가 되지 않게 하소서.

천방지축
마음대로 살면 되는 줄 알고
날뛰는
어리석은 자가 되지 않게 하소서.

하나님의 진노를
두려워할 줄 알게 하소서.

땅에 것은 잠깐이나
하늘의 것은 영원한 줄 알게 하소서.

주님의 뜻을 따르고
진리와 함께 기뻐하는
삶이 되도록 도우소서.

그리하여
영적인 기쁨
하늘의 기쁨
믿음의 기쁨을
한 아름 안겨주소서.

심령이 가난한 자

'천국은 심령이 가난한 자의 것' 이라는
주님 주신 말씀을 기억합니다.

겸손하고 가난한 심령으로
영의 양식을
간절히 사모하게 하소서.

나는 성도로서
왜 이렇게 부족할까 하고
뉘우치면서 기도하면
하나님이 들어주실 줄 믿습니다.

가난한 심령으로
하나님 의지합니다.
구원의 대열에 세워주소서.

심령이 배불러서
기도하는 입이 어눌하지 않게 하소서.
마음의 눈이 어두워지지 않게 하소서.
하나님을 사랑하는 마음이
식어지지 않게 하소서.

항상
세상욕심을 버리고
겸손하며
영의 양식을 갈구하고
말씀에 목말라 하게 하소서.

그리하여
천국이 저희 것이 되게 하소서.

주신 은혜

때를 따라 주신 은혜는
잊은 채
끝없이 부족한 것만을 구하는
욕심을 비우게 하소서.

주신 은혜 찾아내는
영의 눈을 밝혀주소서.

주신 은혜 감사하면서
찬양하게 하소서.

하나님 원하시는
열매 맺게 하소서.

애통하는 자

믿음을 방해받아 답답할 때
믿음을 방해받아 안타까울 때
믿음을 방해받아 슬플 때
주님께서 위로하여 주소서.
위로를 통해 새 힘 주소서.

하나님의 은혜에 감사하여 애통하고
자신의 죄로 인하여
하나님 앞에 부족하기 때문에 애통하고
이웃의 고통을 보고 애통하게 하소서.

그런 영적인 눈물로
우리의 영혼을
깨끗이 씻음 받게 하소서.

애통하는 자에게
복을 내려주소서.

온유한 자

'온유한 자라야 복이 있다' 는
말씀을 기억하면서도
때로는 화를 내고
소리치며 다툴 때도 있었음을
회개합니다.

진리의 말씀인
온유와 겸손을 실천하게 하소서.

억울하게 당할 때가 있어도
보복하지 말고
관대해질 수 있게 하소서.

아브라함처럼
'네가 이것을 원하면, 나는 저것을
하겠노라' 고 양보하며 사는 모습을
실천하게 하소서.

아기를 품 안에 안은 어머니같이
부드러운 태도를 갖게 하소서.

강팍했던 요셉의 형제들보다
온유했던 요셉이
잘된 것을 본받게 하소서.

목마른 자

'내가 주는 물을 먹는 자는
영원히 목마르지 아니하리라' 하신
주님 주신 말씀을 따라

그 신령한 물을
저희도 먹게 하소서.

그리하여
악한 영
불의의 영
미혹의 영에서 벗어나게 하소서.

물질이나 쾌락보다
강한 믿음을 허락하소서.

무엇을 하든지
하나님의 영광을 위하여
영적인 일에 목말라 하게 하소서.

성령의 은혜에 목말라 하고
말씀에 목말라 하고
교회봉사에도 목말라 하게 하소서.
그리하여 영적으로 배부르게 하소서.

긍휼이 여기는 자

이웃 중에서
가난한 사람
병든 사람
옥에 갇힌 사람 있으면
사랑을 베풀고 돕게 하소서.

고통받는 이웃에게
긍휼을 베풀지 않으면
우리가 위급한 일을 당해서
부르짖을 때
하나님 응답이 없을까
두렵습니다.

죄로 죽을 수밖에 없는
우리를 대신하여
예수님은 죽기까지 하시면서
긍휼을 베푸셨는데
그런 긍휼 받았으니 우리도 베풀어야
마땅한 줄 믿습니다.

해치는 사람이 있을지라도
긍휼의 기도를 하게 하소서.
그리하여
영적 싸움에서 승리하게 하소서.

우리가 하나님의 계명을
완벽하게 지키고
흠 없이 깨끗하고 거룩하게 살아도
이웃사랑의 담을 넘지 못하면
실패인 줄 알게 하소서.

날마다 겸손한 마음으로
주님의 은혜에 감사하게 하소서.
마음으로
입으로
물질로 돕게 하소서.

긍휼을 열심히 베풀어서
하나님으로부터
긍휼히 여김을 받는 자
되게 하소서.

청결한 자

말씀을 통해서
'마음이 청결한 자는
하나님을 볼 것이라' 했습니다.

우선 청결한 마음부터 허락하소서.
마음속에 불순물과 쭉정이가
섞이지 않는 상태로
다듬어지게 하소서.

마음의 오염을 막아주시고
순수해지게 하소서.
하나님만을 사랑하는
단순하고 청결한 마음 되게 하소서.

이렇게 마음이 청결해지면
하나님의 섭리가 보이고
육신의 눈으로는 하나님을 볼 수 없으나
하나님이 내 안에 있다고 느껴지면서
무한하신 하나님 세계를
볼 수 있을 줄 믿습니다.

청결하여
하늘 가는 길을 볼 수 있게 하소서.

화평케 하는 자

비둘기처럼 다투지 말고
하나님과 하나 되고
너와 내가 하나 되고
우리 모두가 하나 되게 하소서.

좋은 관계까지 무너뜨리는
마귀의 침투를 막아주소서.

마귀가 침투하면
믿음이 불신이 되고
사랑이 미움이 되는 줄 압니다.

세상에는 화평은 없고
미움만 넘치는 줄 압니다.

저희에게 화평을 만드는
능력을 허락하소서.

아무리 나쁜 관계라도
저희가 들어가면 화목해지는
능력을 허락하소서.

그리하여
하나님의 아들이라
일컬음을 받게 하소서.

핍박받는 자

하나님 믿고 의지하며 사는 저희들에게는
세상 사람들과 구별된 삶을 허락하소서.
세상 보는 눈을 다르게 하소서.

주님 뜻에 따라 사는 길은
어쩌면
핍박과 고난의 길일 수도 있는 줄 믿습니다.
그래도 낙심하지 말게 하소서.
이 세상 고난은 잠깐이나
축복은 영원한 줄 믿습니다.

사람이 존귀하게 되는 것도
건강하게 사는 것도
장수하는 것도
결국 하나님께 달려 있음을 믿습니다.

핍박받는 길이라도
그 길을 가야
영의 눈이 뜨여지고
영원한 생명의 면류관을 받을 줄 믿습니다.

주님!

핍박받는 자에게

큰 상을 내려주소서.

어리석은 자

사랑의 하나님!
아직도 불우한 이웃의 아픔을
알뜰히 어루만져주지 못하면서
내 작은 고통만을 덜어달라고
기도하는 어리석은 자가 되지 않게 하소서.

내 이웃의 작은 잘못도 용서하지 못하면서
평생 쌓인 죄 용서받기를 바라는
아둔한 자가 되지 않게 하소서.

어려운 고비가 있는 것도
주님의 뜻임을 헤아리지 못하고
불평과
한숨과
탄식만을 일삼는
미련한 자가 되지 않게 하소서.

애통하며 기도하게 하소서.
십자가를 바라보게 하소서.

보혜사 성령이여

보혜사 성령이여
저희에게
믿음, 용기, 감사가 충만한 생활
할 수 있도록 지켜주소서.

세상의 슬픔이
주 안에서 기쁨이 되고
괴로움이 즐거움 되고
절망이 희망이 되고
불행이 행복이 되게 하소서.

세세무궁토록
시들지도
마르지도 않을
주님 주신 말씀 앞에,
갈급한 마음으로
머리 숙입니다.
지켜주소서.

주의 말씀

주의 말씀을
삶의 한가운데 놓고
그 말씀 실천하며 사는
저희들 되기를 원합니다.

그 길이
참을 수 없는 고통의 길이라도
우리 주님 원하시는 길이면
따라가게 하소서.

세상기준으로 살기보다는
말씀중심으로 살게 하소서.

교회에 나오기만 하면
편안하고
영적으로 위안받고
은혜에 젖어
삶의 활력과
용기를 얻을 수 있게 하소서.

사랑의 꽃이 활짝 핀
교회 되게 하소서.

그런 향기가 교회 밖으로 흘러넘쳐
전도의 길로 연결되게 하소서.

연단의 과정

여기
참 신자 되기 위한
연단의 과정을 거치느라
고생하는 형제가 있습니다.
고통 중에 헤맬 때도 있었고
캄캄한 어둠 속에서
한없는 눈물의 골짜기를
걸을 때도 있었습니다.

주여! 그 고통 살펴주소서.
진한 눈물의 기도에 응답하소서.

주 안에서 용기를 얻고
정금같이 연단된 모습으로
이겨낼 수 있도록 인도하소서.

이제는 온갖 정욕에서
벗어나게 하소서.

주님 바라시는
바른길로
거듭난 길로
믿음과 충성의 길로
인도하소서.

믿는 자의 길

세상 욕심 다 내려놓고
말씀과 성령으로 거듭나게 하소서.

교만보다는 겸손을
허물보다는 칭찬을
대결보다는 용서를
미움보다는 사랑을
앞세우며 살아가게 하소서.

이것이
믿는 자의 길임을 알게 하소서.

겸 손

'겸손의 멍에를 메고 내게 배우라'
하신 주님을 본받아
겸손한 사람이 되게 하소서.

겸손의 위치에서
그리스도의 사랑을 품고
머리 위에는 하나님을 모시고
열심히 예수님을 증거 하는
성실한 성도 되게 하소서.

겸손의 주님을
본받게 하소서.

봉사하게 하소서

저희들에게
눈과 귀를 주시고
손과 발을 주시고
봉사할 수 있는 건강을 주시고
찬양할 수 있는 입을 주셨지만
그 모든 것을
다 쓰지 못하는
죄인입니다.

땅 위의 영광보다
하늘의 영광을 사모하면서
봉사하는 흐뭇함을
베푸는 기쁨을
누리게 하소서.

생업으로 부귀만을 구하는 것보다
주님의 영원한 진리가
빛나기를 구하는 자 되게 하소서.

열심히 더 열심히
봉사하게 하소서.

제5부

겨울

성탄절에

구원의 기쁜 소식을
마음에 가득 담고
마음으로
몸으로
입으로
소리 높여 찬양하게 하소서.

온 누리가
구원의 기쁜 소식에
젖어들게 하소서.

아직도 구원의 소식을
듣지 못하는 자들에게
귀를 열게 하시고
소망의 빛을 볼 수 있는
눈을 뜨게 하소서.

심령까지도 꿰뚫게 하소서.

그렇게 밝아진 영혼으로
주님을 영접하게 하소서.

예수님 닮기

예수님 닮기를 원합니다.
그 크신 사랑을 닮기를 원합니다.

그 사랑
만 분의 일이라도 실천하여
생활 속의 기쁨과
화평이 넘치게 하소서.

가족끼리
이웃끼리도
사랑이 넘치는 관계 되게 하소서.

사방에 사랑의 꽃이 활짝 피는
새로운 세상 만들어가게 하소서.

원수까지도 사랑하게 하소서.

생명의 빛
성령의 빛으로 인도하소서.

영광의 길

우리 주님의 고난을 기억하고
마신 잔을 생각하며
살게 하소서.

능욕과 멸시와 고난 앞에서도
피와 죽음의 잔 앞에서도
'나의 원대로 마시옵고
아버지의 원대로 하옵소서!'
하고 외칠 때
주의 사자가 나타나
힘을 주신 것을 믿습니다.

우리의 상한 마음에도
평화의 주님 오셔서
새 힘을 주소서.

주님 가신 길이
겟세마네 동산이든
골고다 언덕이든
십자가이든

어디든지
따라가게 하소서.

사랑의 주님!
저희도
사랑의 사람 되게 하소서.
사랑의 실천자가 되게 하소서.
섬김을 받으러 오신 것이 아니라
목숨까지 바치며
섬기려 오신 의지를 본받게 하소서.

저희도 주님처럼
낮은 자를 섬기고,
병든 자를 섬기는 자가 되게 하소서.

오직 하늘나라의 소망
그 귀한 소망만을 바라보고
달려가게 하소서.

영광의 길을 인도하소서.

나뭇가지

잎이 다 떨어진 나뭇가지도
몸통에 붙어 있었기 때문에
매서운 겨울 추위를 이기고
봄에 새잎이 돋아나듯이

저희도 어떤 어려움이 있어도
주님 곁에 붙어 있어야
영적인 새잎이 돋아날 줄 믿습니다.

'나를 떠나서는 너희가
아무것도 할 수 없으리라' 는 말씀을
항상 간직하게 하시고
든든한 주님만을
의지하게 하소서.

어렵고
외롭고
고통스러울수록
우리 주님 안에 꼭 붙어서
영적 양식을 갈구하게 하소서.

영적 새잎의 꿈을 이루게 하소서.

구별된 생활

세상 사람들과 구별된 생활을 하게 하소서.
이대로 가다가는
무서운 불과 유황이 타는 곳
뜨거워서 견딜 수 없는 곳
죽고 싶어도 죽을 수 없는 곳에
떨어질까 두렵습니다.

주님 가르치는
생명의 길로
인도하소서.

주님 형상을 닮게 하소서.

성령의 은혜로
날마다 영적 성장을
이루어가게 하소서.

천국 소망만을 향해
쉬지 말고
달려가게 하소서.

영의 눈

땅을 보는 눈이 밝아
땅에 있는 것을 얻기 위하여
허덕이고
경쟁하고
싸우고
엉키는
하나님 보시기에 심히 불쌍한 자가
되지 않게 하소서.

영원한
하늘의 것을 누리는 자가
되게 하소서.

날마다
영의 눈이 밝아지게 하시고
주 안에서
평안을 얻게 하소서

날마다
하나님의 권속답도록
단련케 하옵소서.

성결한 영을

거룩한 주님 닮기를 바라면서도
생활 속에 실천하지 못했음을 용서하소서.

행복하게 살기를 바라면서도
깨끗하게 살지 못한 죄를 용서하소서.

성결하게 살기를 원하면서도
주님 영광을 가린 죄를 용서하소서.

아침에 성결하게 살기를 다짐했으나
저녁에 다시 어두워진 죄를 용서하소서.

통회의 눈물로
밤새도록 씻어도
우리 주님 보시기에는
부족할 줄 믿습니다.

저희들 스스로의 힘으로는
성결한 삶을 살 수 없음을
고백하오니
주여!
성결한 영을
저희들에게 내려주소서.

주님만을

독자 이삭을 하나님께 드린
아브라함과 같은 믿음을
저희에게도 허락하소서.

항상
하나님께 감사하고
하나님을 위해 찬송하고
하나님 뜻에 따라 봉사하게 하소서.

잠깐 피었다가 지는 꽃과 같고
지나가는 그림자 같은 인생이
언제까지나
재물이나 명예에만 매달리지 말게 하시고
세상 향락에만 빠지지 않게 하소서.

오직
사망권세를 이기신
주님만을 의지하게 하소서.
고통의 길이라도
영생의 길이라도

그 길만을 따르게 하소서.

축복 속에
기쁜 나날 되게 하소서.

세상을 보는 눈

한쪽으로만 보면
화나고 섭섭한 것도
다른 쪽으로 보면
위로가 된다는 것을
알게 하소서.

앞도 보고
뒤도 보고
멀리 있는 것도 보고
보이지 않는 것도 보고
동서남북을 바라보게 하소서.

상대의 잘못을 보기 전에
내 잘못부터 찾아내게 하소서.

세상을 더 넓게
두루 살펴보고 사는
영적인 성장을 허락하소서.

거듭나기

천국 백성으로
거듭나게 하소서.

날마다
주를 닮아가는
성도 되게 하소서.

옹졸한 좁은 마음에서 벗어나
바다처럼
넓은 마음 되게 하소서.

작은 희생도 주저하는 저희에게
큰 희생도 감당할 수 있는
용기를 허락하소서.

주님 원하시는 길이라면
주저 없이 달려가게 하소서.

죗값으로

죗값으로 괴로워하면서도
마귀사탄을 과감히 털어내지 못하는
나약한 심령에게 용기를 주소서.

속되고 때 묻은 마음을
주님 이름으로 과감히 씻어내고
하늘나라의 소망만을
담을 수 있게 하소서.

새 힘과 용기를 허락하소서.
'내가 너와 함께한다' 는
음성을 들려주소서.

평화의 주님! 오시옵소서.

확실히 임하셔서
참 기쁨이 깃들게 하소서.

밝고 환한 길을

힘차게 달려갈 수 있도록

인도하소서.

사탄의 유혹

끈질기게 달려드는
사탄의 유혹을 뿌리치고
주 안에서 승리하게 하소서.

우리의 믿음을
반석 위에 세워주시고
흔들리지 않게
강하고 담대한 믿음으로
무장하게 하소서.

스쳐가는 사랑이 아닌
주님처럼
발로
몸으로
행동으로 실천하는
참사랑의 실천자가 되게 하소서.

날마다
주님 주시는
그 사랑
그 은혜
그 축복을 찬양하면서
승리하게 하소서.

사탄의 역사

사탄의 표적은
범위가 없는 줄 믿습니다.

언제 어디서나
누구에게든지
틈을 타는 줄 믿습니다.

두 마음을 품은 자에게
깨어 있지 않는 자에게
근신하지 않는 자에게
재물이나 권세만을 욕심내는 자에게
불평하는 자에게
기도하지 않는 자에게
역사하시는 줄 믿습니다.

기도로
뜨거운 기도로
예수님의 이름으로
물리치게 하소서.

사탄의 악한 세력
뿌리내리지 못하게 하소서.

착 각

백 년도 채 못 살다 가면서
천 년이라도 살 것처럼 착각하고
온갖 세상 유혹에 걸려 헤매는
어리석은 자가 되지 않게 하소서.

세상눈으로 보이는
재물도
권력도
쾌락도
시드는 꽃처럼
사라지는 연기처럼
지나가고
기쁨도 잠깐인데,
그것을 구하겠다고
발버둥 치다
실족하지 않게 하소서.

잠깐을 위하여
영원을 버리는
바보스런 착각에서
벗어나게 하소서.

우리의 허물

우리의 허물과
죄악과 불순종을
주의 보혈로 씻어주소서.

지금까지
우리와 손잡고 있던
정욕과 교만과 자랑과
거짓과 경건하지 못함을
영원히 이별하게 하시고,
이제부터라도 우리 주님의 손에
완전히 붙들려 살게 하소서.

어떤 일을 만나든지
주의 영광을 위하여
다듬게 하소서.

주의 인자로 만족케 하시고
즐겁고 기쁘게
생활할 수 있도록
인도하소서.

이전 것은
다 지나가게 하시고
새로운 마음 가다듬고
주님의 부르심에 합당한
생활할 수 있도록
새 영을
충만하게 부어주소서.

속 죄

주님 주신 말씀대로 살지 못한 죄가
날마다 마음속에
먼지처럼 쌓였는데도
그것이 죄인지도 분간 못한
어리석음을 용서하소서.

모나고 날카로운 성격 때문에 쌓인 죄,
욕심 때문에 쌓인 죄,
교만 때문에 쌓인 죄,
믿음이 약하여 쌓인 죄 등
차고 넘치는 이 죄를
감당키 어렵습니다.

주체할 수 없는 이 죄 짐
주님 앞에
다 부려놓사오니
보혈의 손길로
도말하여 주소서.

정결한 모습으로
새 출발하게 하소서.

아직도 복음 밖에서

아직도 복음 밖에서
허망한 생각을
버리지 못하는 생명들에게
복된 길을 열도록
인도하소서.

생명의 빛 되신 주여
동방박사를 별로 인도하신 것처럼
주님을 찾지 못해
방황하는 생명들을
성령의 빛으로
인도하소서.

회 개

세상 속에서 저지른 죄
회개할 때를 놓치지 않게 하소서.

죄를 숨기고
당연시하고
끝까지 버티는 자가 되지 말고,
작은 죄라도
그 자리에서 회개하는
순한 양이 되게 하소서.

그때그때 회개하여
사망의 길이 아닌
생명의 길로 가게 하소서.

지옥이 아닌
천국으로 인도하소서.

두려운 심판

주님의 두려운 심판이
빠른 걸음으로 다가오는
무서운 날이 닥치기 전에,
하나님의 진노와 저주가
머물기 전에,
하나님 원하시는 길로
달려가게 하소서.

그리스도와 세상 사이에
양다리를 걸치면서
어떤 죄는 이별하고
어떤 죄는 사귀는
미련함을 면케 하소서.

주님의 뜻대로 따라가다가
핍박받는 일이 있을지라도
그 길이
축복받는 길이라면
달려가게 하소서.

두려운 심판만은
면케 하소서.

좁은 길

항상
믿음의 좁은 길,
진리의 길을 가도록
원하시는 주님!

세상 넓은 길 멋대로 가다가
상한 마음을 살펴주시고
보혈의 손길로 만져주소서.

세상 살면서
겸손하기보다는 교만할 때가 많았고,
사랑하기보다는 미워할 때가 많았고,
섬기기보다는 섬김 받기를 원할 때가 많았고,
남을 돕기보다는 내 욕심 채우기에 바빴던
죄인임을 회개합니다.

지금이라도
영적 각성을 깊이 할 수 있도록
인도하소서.

이러한 입술의 고백이
창조적인 능력이 되게 하소서.

경남시인선 137

새벽을 여는 묵상기도

고동주 시집

펴낸날 | 2011년 2월 23일

지은이 | 고 동 주
펴낸이 | 오 하 룡
펴낸곳 | 도서출판 경남

주　소 | 창원시 마산합포구 서성동 66-18
연락처 | (055)245-8818~9/223-4343(f)
홈페이지 | www.gnbook.com
블로그 | gnbook.tistory.com
이메일 | gnbook@empal.com
등　록 | 제2호(1985. 5. 6.)
편집팀 | 오태민 | 심경애 | 구도희

ISBN 978-89-7675-674-9-03810

〔값 8,000원〕